Krystal Clear Photography

All images by Jessika Hindmarch

All images are copyrighted to Krystal Clear Photography

Krystal Clear Photography Facebook: http://on.fb.me/1HR6pGU

Published by Dalmatian Publication

Taken in Whyalla

Taken in Whyalla

Taken in Whyalla

Taken in Whyalla

Taken in Whyalla

Taken in Whyalla

Taken in Whyalla

Taken in Whyalla

Taken in Whyalla

Taken in Adelaide

Taken in Adelaide

Taken in Adelaide

Taken in Adelaide

Taken in Adelaide

Taken in Adelaide

Taken in Adelaide

Taken in Adelaide

Taken in Adelaide

Taken in Adelaide

Taken in Adelaide

Taken in Adelaide

Taken in Adelaide

Taken in Adelaide

Taken in Adelaide

Taken in Adelaide

Taken in Adelaide

Taken in Adelaide

Taken in Adelaide

Taken in Adelaide

Taken in Adelaide

Taken in Adelaide

www.ingramcontent.com/pod-product-compliance
Lightning Source LLC
Chambersburg PA
CBHW041303180526
45172CB00003B/943